Siegfrieds Tod

nach Motiven aus dem Nibelungenlied
frei erzählt von **Franz Specht**

Deutsch als Fremdsprache
Niveaustufe A2

Leichte Literatur

Mit Aufgaben von Katja Krämer und
Illustrationen von Gisela Specht

D1665888

Hueber Verlag

1 ◀ 📄 Aufgabe vor dem Lesen

📄 ▶ 2 Aufgabe nach dem Lesen

Hinweis zur Ausgabe mit Audio-CD: Kapitel 1 = Track 1
Kapitel 2 = Track 2
usw.

| 3. | 2. | 1. | | Die letzten Ziffern |
| 2013 | 12 | 11 | 10 | 09 | bezeichnen Zahl und Jahr des Druckes. |

Alle Drucke dieser Auflage können, da unverändert,
nebeneinander benutzt werden.
1. Auflage
© 2009 Hueber Verlag, 85737 Ismaning, Deutschland
Herausgeber: Franz Specht, Weßling
Redaktion: Andrea Haubfleisch, Hueber Verlag, Ismaning
Umschlaggestaltung: Parzhuber und Partner, München
Fotogestaltung Cover: wentzlaff | pfaff | güldenpfennig kommunikation gmbh,
München
Coverfoto: © iStockphoto/Firehorse
Layout: Lea-Sophie Bischoff, Hueber Verlag, Ismaning
Satz: Thomas Schack, Ismaning
Illustrationen: Gisela Specht, Weßling
Druck und Bindung: Ludwig Auer GmbH, Donauwörth
Printed in Germany
ISBN 978–3–19–011673–7
ISBN 978–3–19–001673–0 (mit CD)

Kommt und hört!

Hallo Leute!
Kommt mal her!
Kommt zu Sibylla!
Kommt und hört mir zu!
5 Ich will euch eine Geschichte erzählen.
Sie ist sehr schön.
Aber sie ist auch schrecklich und traurig.
Es ist eine Geschichte von Geld und Krieg,
von Liebe und Tod, von Frauen und Männern.
10 Männer … ach ja, die Männer …
Manche sind klein und schwach.
Manche sind groß und stark.
Aber keiner ist so groß und so stark wie Siegfried.
Von ihm will ich euch jetzt erzählen.
15 Ja, kommt nur, Leute!
Setzt euch, setzt euch!
Gleich fängt meine Geschichte an.

2
Siegfried

1 ◀ 📄 Das ist er.

Das ist Siegfried aus den Niederlanden.

Habt ihr schon mal von ihm gehört?

Er ist ein Königssohn und kommt aus Xanten am Rhein.

5 Siegfried ist ein Held: Er ist stark und er hat vor nichts und
vor niemand Angst.

Siegfried hat viele Reisen gemacht.

Von einer Reise ins Land der Nibelungen hat er drei Dinge mitgebracht:

10 den Nibelungenschatz aus Gold, Silber und Edelsteinen, das Schwert Balmung und die Tarnkappe.

Wenn er die Tarnkappe auf dem Kopf hat, dann kann man ihn nicht sehen.

Er ist unsichtbar und hat die Kraft von zwölf Männern[1].

15 Auf einer Reise hatte Siegfried auch einen Kampf mit einem Drachen.

Er hat den Drachen mit dem Schwert getötet.

Dann hat er im Drachenblut gebadet.

Warum?

20 Wer im Blut eines Drachens badet, den kann niemand mehr verletzen: Er ist unverwundbar. 📄▶ 2

[1]die Kraft von zwölf Männern haben
sehr stark sein

Das ist Kriemhild.

Auch sie ist ein Königskind.

Auch sie lebt am Rhein. Aber nicht in Xanten.

Sie wohnt mit ihrer Mutter Ute und ihren Brüdern Gunther,

5 Gernot und Giselher in Worms, im Land der Burgunden.

Kriemhilds Vater ist tot und ihre Brüder sind nun die Könige.

Kriemhild ist jung und wunderschön[2].

Viele Männer kommen und wollen Kriemhild heiraten.

Aber Kriemhild sagt immer: „Nein."

10 Warum?

[2]wunderschön
sehr schön

Sie hat geträumt, dass sie einen Falken hat.
Sie hat ihren Falken sehr geliebt.
Er war wunderschön und stark und ist hoch oben
am Himmel geflogen.

15 Aber plötzlich sind zwei Adler gekommen und haben
Kriemhilds Falken getötet[3].
Für Kriemhild war klar: Der Falke in meinem Traum, das war
ein Mann. Und wenn ich diesen Mann liebe, dann muss er
sterben. Das möchte ich nicht. Also muss ich für immer allein
bleiben, ohne Mann und ohne Liebe. 📄▶ 3

[3]töten
das Leben nehmen

An allen Königshöfen[4] gibt es Ritter.

Sie sind Männer des Königs.

Der König spricht und sie müssen hören.

Sie müssen tun, was der König will.

5 Auch bei den Burgunden gibt es solche Männer.

Einer von ihnen heißt Hagen von Tronje.

Er ist weit gereist.

Er hat viele Länder gesehen.

Er weiß eine Menge[5].

10 König Gunther fragt ihn oft, wenn er einen Rat[6] braucht.

 Dann spricht Hagen und der König hört.

---

[4]der Königshof, ≃e
dort wohnt ein
König

[5]eine Menge wissen
viel wissen

[6]der Rat (Sg.)
Hilfe, Beratung

[7]mächtig sein
viel Macht haben

Brünhild

Weit, weit weg auf einer Insel lebt eine Königin.
Sie heißt Brünhild.
Sie ist sehr reich, sehr mächtig[7] und sehr schön.
Aber sie hat keinen Mann.
5 Warum? Möchte keiner sie heiraten?
Doch, schon. Aber es gibt da ein Problem:
Wer Brünhild heiraten möchte, der muss dreimal
gegen sie kämpfen.
Er muss beim Speerwerfen, Steinwerfen und
10 Weitspringen gewinnen.
Dann bekommt er Brünhild als Frau.
Wenn er aber nur einmal verliert, dann muss er sterben.
Und Brünhild ist nicht nur wunderschön.
Sie ist auch sehr stark.

▶ 5

6

So, und nun hört alle gut zu, …

… denn die Geschichte fängt an.
Wir sind in Xanten, bei König Sigmund, Königin
Sieglinde und bei unserem Helden, bei Siegfried.
Alle Frauen in Stadt und Land finden ihn toll.
5 Manche möchten ihn am liebsten sofort heiraten.
Aber Siegfried interessiert sich nicht für sie.
Er hat von einer Königstochter aus Worms gehört.
Kriemhild ist ihr Name.
Sie soll die schönste Frau der Welt sein.
10 Da ist nur ein Problem: Kriemhild möchte keinen Mann.
„Sie muss aber meine Frau werden", sagt Siegfried.
Siegfrieds Eltern finden die Idee nicht so gut.
„Lass das doch", sagen sie. „Das gibt nur Ärger.
Nimm lieber eine andere."
15 Aber Siegfried möchte das nicht hören.
„Ich will Kriemhild oder keine!", ruft er.
Dann reitet er mit zwölf Rittern los nach Worms.
Tja, so sind sie eben, die Helden.
Wenn sie etwas tun wollen, dann tun sie es.
▶ 6+7 Auch wenn es Ärger gibt.

7

Wer ist der Mann?

Nach sieben Tagen kommen Siegfried und seine Ritter in
Worms an und reiten zu König Gunthers Burg. Ihre Pferde,
ihre Rüstungen[8], ihre Kleidung und ihre Waffen[9] sind so
schön, dass alle Leute stehen bleiben.

[8]die Rüstung, -en

[9]die Waffe, -n

⁵ Man sagt dem König, dass ein Held gekommen ist und mit ihm
sprechen möchte.

Gunther ruft Hagen von Tronje.

„Du weißt fast alles und kennst fast jeden", sagt er zu Hagen.

„Sieh doch mal den Mann da unten im Hof. Kennst du den auch?"

¹⁰ Durch ein Fenster sieht Hagen in den Hof hinunter.

„Ich habe ihn noch nie gesehen", sagt er. „Aber ich glaube, ich
weiß, wer das ist. Das muss Siegfried sein. Vorsicht¹⁰, mein
König! Dieser Mann ist sehr reich, sehr stark und sehr gefährlich. Er hat einen Drachen getötet und im Drachenblut gebadet.

¹⁵ Er ist unverwundbar."

„Hm, dann müssen wir wohl mit ihm reden", meint Gunther.

„Mal sehen, was er will." 📄 ▶ 8

8
....
Was will der Mann?

Was will er, unser Held?

Wir wissen es ja schon:

Er will Gunthers Schwester Kriemhild zur Frau.

Sagt er das dem König und seinen Männern?

⁵ Nein.

Er sagt: „Gunther, du bist hier der König und ich habe gehört,
dass du stark bist. Nun, ich bin auch ein König und ich schlage
vor, dass wir kämpfen. Gewinnst du, dann gehört mein Land dir.
Gewinne ich, dann bekomme ich dein Land."

¹⁰ „Nein!", rufen Gunthers Ritter böse und manche nehmen ihr
Schwert¹¹.

„Siehst du?", sagt Hagen leise zu Gunther. „Ich habe dir ja
gesagt: Der Mann ist gefährlich."

„Kommt!", ruft einer der Ritter. „Schlagen wir ihn tot, diesen

¹⁵ Verrückten."

---

¹⁰Vorsicht!
Achtung!

¹¹das Schwert, -er

„Halt[12]!", ruft Gernot, Gunthers erster Bruder. „Kein Wort
mehr! Und weg mit den Schwertern!"
Giselher, Gunthers zweiter Bruder, geht zu Siegfried und sagt:
„Siegfried, was soll denn das? Wir wollen doch nicht streiten,
20 oder? Sei herzlich willkommen und bleib bei uns. Sei unser
Gast, so lange du möchtest."
„Na schön", meint Siegfried.
Hat er das nicht prima gemacht?
Nun wissen alle in Worms, dass er keine Angst hat.
25 Vor niemand.
Und er kann in der Königsburg wohnen und bald Kriemhild
📄▶ 9   kennenlernen.

9

Der Mann ihres Lebens

Siegfried und seine Ritter sind nun also Gäste der Burgunden.
Sie gehen auf die Jagd[13], sie essen, sie trinken, sie machen
Spiele und Wettkämpfe[14] mit Gunthers Rittern.
Siegfried gewinnt natürlich immer.
5 Die Tage, die Wochen, die Monate gehen vorbei und nach
einem Jahr hat Siegfried Gunthers Schwester noch immer
nicht kennengelernt.
Denkt euch nur, er hat sie noch nicht mal gesehen!
Aber Kriemhild sieht Siegfried oft von ihrem Fenster aus.
10 Vom ersten Moment an hat sie gewusst:
Das ist er! Das ist der Mann meines Lebens!
Und ihre Liebe ist mit jedem Tag immer größer geworden.
Kriemhild, Kriemhild, was machst du?
📄▶ 10   Denkst du nicht mehr an deinen Traum?

---

[12]Halt!   [13]die Jagd (Sg.)   [14]der Wettkampf, ⁓e
Stopp!   *Tiere im Wald verfolgen*   *sportlicher Kampf,*
                   und töten   *der Beste gewinnt*

10

Der beste Kämpfer von allen

Nun haben die Burgunden in diesem Jahr Ärger mit den
Sachsen und es gibt Krieg[15].
Siegfried ist kein Burgunde. Er ist Gast bei den Burgunden.
Aber wenn seine Gastgeber kämpfen müssen, kann er da ruhig
5 in Worms bleiben?
Nein, so etwas kann ein Held doch nicht machen!
Also geht Siegfried mit den burgundischen Männern in den
Kampf.
Kriemhild hat Angst.
10 Hoffentlich passiert ihm nichts!
Hoffentlich muss ihr Falke nicht sterben!
Sie wartet und wartet.
Dann kommt endlich ein Ritter und bringt Nachricht:
„Leute hört! Der Krieg ist vorbei! Viele Sachsen sind tot und
15 leider auch ein paar von unseren Männern."
„Was ist mit Siegfried? Ist er … auch tot?"
„Nein, Siegfried lebt. Von allen Kämpfern war er der beste.
Nur mit seiner Hilfe haben die Burgunden gewonnen."
Ha! Wie glücklich ist Kriemhild da!

 ▶ 11

[15]der Krieg, -e
im Krieg kämpfen zwei Länder
gegeneinander

11

Die oder keine!

Natürlich gibt es jetzt ein Fest.
Alle Burgunden freuen sich, dass der Krieg vorbei ist.
Männer, Frauen und Kinder, die Ritter, die Königsfamilie,
alle essen, trinken, lachen und tanzen.
5 Auch Kriemhild ist mit dabei.
Wie lange hat Siegfried auf diesen Moment gewartet!
Endlich darf er Gunthers Schwester sehen.
Kriemhild ist so schön, dass Siegfried schon in der ersten
Sekunde weiß: Die oder keine!
10 Wenn sie nicht meine Frau wird, dann will ich sterben.
Nun, keine Sorge, Siegfried.
Wir wissen ja, dass Kriemhild dich liebt.
Aber leider ist Liebe allein nicht genug.
Wenn Siegfried und Kriemhild Mann und Frau werden wollen,
15 dann brauchen sie zuerst die Erlaubnis des Königs.
Also möchte Siegfried mit Gunther sprechen.

▶ 12

12

Gunther hat ein Problem

Aber der König hat selbst ein Liebesproblem.
Auch er möchte heiraten.
Er hat von einer Königin gehört.
Sie ist ledig und lebt auf einer Insel im Meer.
Sie soll sehr schön, sehr mächtig und sehr stark sein.
5 Wer ihr Mann werden will, muss gegen sie kämpfen
und gewinnen.
Wer verliert, muss sterben.

„Brünhild heißt sie", sagt Gunther, „und sie muss mir gehören!"

10 „Vergiss es", antwortet Siegfried. „Gegen sie kannst du nicht gewinnen."

„Bist du verrückt?!", ruft Gunther böse. „Sie ist doch nur eine Frau!"

„Sie ist eine Frau", sagt Siegfried, „aber so stark wie vier Männer."

15 „Das glaube ich nicht", sagt Gunther, „ich fahre hin."

„Siegfried kennt die Insel", sagt Hagen leise zum König. „Soll er doch mitkommen! Vielleicht kann er dir helfen."

„Sehr gut, Hagen!", sagt Gunther. „Hör mal, Siegfried, du willst doch meine Schwester heiraten?"

20 „Ja, Gunther. Nichts möchte ich so sehr."

„Na schön, du kannst sie haben. Aber nur, wenn Brünhild meine Frau wird."

▶ 13

13

Weiß vor Angst

Siegfried, Gunther und die beiden Ritter Hagen und Dankwart 14 ◀ sind mit dem Schiff zuerst den Rhein hinunter und dann übers Meer gefahren. Nach zwölf Tagen haben sie die Insel erreicht und sind zu Brünhilds Burg gegangen.

5 Nun stehen sie alle vier vor der Königin.

Doch Brünhild sieht nur Siegfried an.

„Wer bist denn du?", fragt sie ihn. „Und was willst du von mir?"

„Ich?", sagt Siegfried. „Ich will nichts von dir. Ich bin nur ein Ritter. Aber das hier ist mein Herr, König Gunther. Er möchte

10 dich heiraten."

„Dein Herr?!", lacht die Königin und sieht jetzt Gunther an.

„Der? Mich heiraten will er? Na, das wollen wir doch mal sehen! Los, Männer, bringt die Sachen für den Wettkampf!"

Eine Tür geht auf.

15 Viele Ritter kommen und bringen einen Speer, einen Schild und einen Stein.

Die drei Dinge sind so groß und schwer, dass die Ritter sie kaum tragen können.

„Nicht so langsam, Leute!", sagt Brünhild und nimmt
20 den Speer mit einer Hand.

Gunthers Gesicht wird weiß vor Angst.

„Oh nein!", sagt Gunther leise zu Siegfried. „Warum habe ich nicht auf dich gehört? Hilf mir! Ich will nach Hause."

„Hab keine Angst", antwortet Siegfried. „Ich gehe schnell zu
25 unserem Schiff und hole noch was. Mach einfach beim Wett-
▶ 15 kampf mit. Ich verspreche dir, du kannst nicht verlieren."

14

Superstark und unsichtbar

Zehn Minuten später beginnt der Wettkampf.
Brünhild bekommt den Speer, Gunther den Schild.
Brünhild läuft und wirft den Speer.
Der Speer fliegt durch die Luft.
5 Der Schild ist viel zu schwer. Gunther kann ihn nicht halten.
„Das ist das Ende", denkt Gunther. „Jetzt muss ich sterben."
Doch was ist das? Plötzlich wird der Schild ganz leicht.
Gunther fühlt, da ist jemand neben ihm.
Aber er kann niemand sehen.
10 Da kommt der Speer. Er trifft den Schild.
Der Schild hält und Gunther bleibt stehen.
„Jetzt du!", sagt eine Stimme leise.
Endlich versteht Gunther.
Siegfried hat den Schild gehalten.
15 Er hat seine Tarnkappe auf.
▶ 16 Er ist unsichtbar und so stark wie zwölf Männer.

15

Rot vor Ärger

Nun bekommt Gunther den Speer und Brünhild nimmt den Schild. 17 ◀ 🗎
Wieder ist Siegfried ganz nah bei Gunther.
Die beiden laufen und Siegfried wirft den Speer.
Der Speer fliegt durch die Luft und trifft den Schild so stark,
5 dass Brünhild fällt.
Zum ersten Mal in ihrem Leben hat sie einen Kampf verloren.
„Das war nur Anfängerglück", ruft sie böse. „Beim Steinwerfen
und beim Weitspringen gewinne ich."
Schnell steht sie auf, geht zu dem Stein, nimmt ihn und wirft.
10 Der Stein ist sehr, sehr schwer. Und doch fliegt er fast zwanzig
Meter weit.
„Na?", ruft Brünhild. Dann springt sie mehr als zwanzig Meter
weit, bis hinter den Stein. „Kannst du das auch?"
Gunthers Gesicht ist wieder weiß geworden.

15 „Keine Angst", sagt Siegfried leise. „Komm! Jetzt holen
wir den Stein!"
Brünhild sieht Gunther zum Stein gehen.
Sie sieht, wie er den Stein nimmt und wie er damit
dreißig Meter zurückgeht.
20 Sie sieht, wie er den Stein wirft.
Der Stein fliegt bis vor ihre Füße.
Dann sieht sie Gunther springen.
Er springt über den Stein und über Brünhild, mehr als
dreißig Meter weit.
25 Nun, Leute, wir wissen ja, wer den Stein geworfen hat,
wer gesprungen ist und wer Gunther dabei auch noch
auf dem Arm getragen hat.
Aber Brünhild weiß es nicht.
Ihr Gesicht ist rot vor Ärger.
30 Sie hat alle drei Wettkämpfe verloren und muss nun mit
Gunther und seinen Rittern ins Land der Burgunden gehen.

16

Brünhild weint

Zurück in Worms erinnert Siegfried Gunther an sein Verspre-
chen: „Wenn du Brünhild bekommst, dann gibst du mir deine
Schwester. Das hast du gesagt."
„Das habe ich gesagt und so soll es sein. Wenn sie deine Frau
5 werden möchte, dann dürft ihr heiraten."
Siegfried bringt Kriemhild selbst die gute Nachricht.
Sie freuen sich sehr.
Endlich können sie der Welt und allen Leuten ihre Liebe zeigen.
Auch Brünhild sieht nun, dass die beiden ein Paar sind.
10 Kriemhild und … Siegfried?
Fast bleibt ihr das Herz stehen.
Dann läuft sie zu Gunther.

„Diesem Mann willst du deine Schwester geben?", ruft sie.
„Ja", antwortet er. „Wo ist das Problem?"
15 „Aber er ist nur einer von deinen Rittern! Und Kriemhild ist
eine Königstochter!"
„Ach so, das meinst du", lacht Gunther. „Nein, Siegfried ist
kein Ritter. Das hat er nur aus Spaß gesagt. Er ist der Sohn eines
Königs. Aber Brünhild, was ist? Warum weinst du denn jetzt?" ▶ 18

17
Hochzeit in Worms

Dann kommt der Hochzeitstag.
Im Dom von Worms geben sich Gunther und Brünhild
das Ja-Wort.
Das ganze Volk[16] freut sich und feiert.
5 König Gunther und seine Brünhild sind nun also Mann und Frau.
Na ja, so ganz stimmt das noch nicht.
Zu einem Hochzeitstag gehört ja auch die Hochzeitsnacht.
Aber die will und will nicht kommen.
Das Fest dauert und dauert.
10 Die Musik spielt.
Die Leute tanzen und lachen.
Gunther ist unruhig.
Er möchte nicht mehr warten.
Er will mit Brünhild allein sein.
15 Endlich kommt der Abend.
Das Fest geht zu Ende und die Hochzeitsnacht beginnt. ▶ 19

---

[16]das ganze Volk
hier: *alle Burgunden*

18

Schon wieder ein Problem

Am nächsten Morgen treffen sich Gunther und Siegfried.
Siegfried ist glücklich.
Für ihn und Kriemhild war die Nacht sehr schön.
Aber Gunther sieht nicht so froh aus.

5 „Was ist denn los?", fragt Siegfried. „Gibt es Probleme?"
„Probleme?", sagt Gunther. „Ja, so kann man es nennen."
Dann erzählt er Siegfried von seiner Hochzeitsnacht.
„Brünhild wollte nicht, dass ich bei ihr im Bett liege."
„Wie bitte? Ja, warum denn nicht?"

10 „Du kommst erst dann in mein Bett", hat sie gesagt,
„wenn ich die Wahrheit weiß."
„Welche Wahrheit denn?", will Siegfried wissen.
„Die drei Wettkämpfe", hat sie gefragt, „hast du sie wirklich
ohne Hilfe gewonnen?"

15 „Und was hast du geantwortet?"
„Nichts", sagt Gunther leise. „Ich bin ins Bett gegangen
und wollte nehmen, was mir gehört."
„Und dann?"
Gunther kann Siegfried nicht in die Augen sehen,

20 während er weiterspricht.
„Sie hat ein Betttuch genommen, sie hat meine Arme
und Beine gefesselt[17] …"
„Wie bitte?!"
„… und dann hat sie mich ans Fenster gehängt. Erst am

25 Morgen hat sie mich wieder losgemacht."
„Das darf nicht wahr sein!", sagt Siegfried.

▶ 20 „Du musst mir noch mal helfen", bittet Gunther.

[17]jemanden fesseln

19

Kampf in der Nacht

Spät in der nächsten Nacht schläft Kriemhild zufrieden.
Siegfried steht vorsichtig auf und geht aus dem Zimmer.
Draußen setzt er seine Tarnkappe auf.
Dann geht er ganz leise ins Schlafzimmer von Gunther
5 und Brünhild.
In dem Raum ist es so dunkel, dass man die Hand
nicht vor den Augen sieht.
Gunther steht in einer Ecke des Zimmers.
Brünhild liegt im Bett.
10 Siegfried legt sich neben sie.
„Lass das, Gunther!", sagt Brünhild.
Siegfried bleibt liegen.
„Gunther!", ruft sie. „Denk an gestern!"
Aber Siegfried bleibt liegen.
15 Da wirft sie ihn aus dem Bett und der Kampf beginnt.
Gunther kann nichts sehen. Aber hören kann er alles.
Der Schrank fällt um, Tisch und Stühle fallen um, Flaschen
und Gläser gehen kaputt. So schrecklich ist der Kampf
und so stark ist diese Frau.
20 „Hoffentlich kann Siegfried noch einmal gegen sie gewinnen",
denkt Gunther.
Ah, jetzt! Endlich hat er sie zurück aufs Bett geworfen.
Und nun? Was machen sie denn? Kämpfen sie noch?
Da fühlt Gunther plötzlich, wie Siegfried an ihm vorbeigeht.
25 Und er hört Brünhild rufen: „Komm doch zurück. Du hast ja
gewonnen. Ab jetzt will ich gern deine Frau sein!"
Schnell geht Gunther zu ihr ins Bett. ▶ 21

20

So sind die Frauen!

Schon bald nach Gunthers Hochzeit reist Siegfried mit
Kriemhild nach Xanten. Dort heiraten sie und Siegfried
wird König der Niederländer.
Ein schönes Ende, nicht wahr?
5 Jeder hat, was er haben wollte:
Kriemhild hat Siegfried.
Siegfried hat Kriemhild.
Und Siegfried hat noch mehr.
Beim Kampf in der Nacht hat er Brünhild
10 zwei Dinge weggenommen:
Einen Gürtel[18] und einen Ring[19].
Was macht er damit?
Was meint ihr?
Legt er sie in die Schublade?
15 Wirft er sie weg?
Falsch geraten!
Er schenkt sie seiner Frau.
Und Kriemhild will natürlich wissen, woher ihr Mann
diese Sachen hat.
20 Tja, so sind sie, die Frauen. Immer wollen sie alles wissen.
Kriemhild gibt keine Ruhe[20], bis Siegfried ihr endlich von
seinem Schlafzimmerkampf mit Brünhild erzählt.
Nun weiß sie also, was los ist mit ihrem Bruder und seiner Ehe.

▶ 22
Wie froh ist sie, dass ihr Siegfried ein Held ist und so stark!

[18]der Gürtel, –    [19]der Ring, -e    [20]Kriemhild gibt
keine Ruhe =
*sie fragt Siegfried
immer wieder*

21

Viele Fragen und eine Idee

Brünhild ist nicht so glücklich und zufrieden wie Kriemhild.

Worms ist schön, das stimmt.

Die Burgunden lieben sie, das ist richtig.

Ihre Ehe mit Gunther ist nicht so schlimm[21], wie sie zuerst

5 gedacht hat, auch das ist wahr.

Aber seit dem Kampf in der Nacht hat sie ihre Stärke verloren.

Und sie fühlt, dass etwas nicht stimmt.

Dass in ihrem Leben etwas falsch läuft.

Dass es eine Lüge[22] gibt.

10 Aber was für eine?

Warum muss sie so oft an Siegfried denken?

Warum ist ihr Herz so traurig?

Warum hat Siegfried sich als Gunthers Ritter vorgestellt?

Warum hat er ihr nicht gesagt, dass auch er aus

15 einer Königsfamilie ist?

Wo war er während ihres Wettkampfs mit Gunther?

Warum war er plötzlich nicht mehr da?

Warum war Gunther in der Hochzeitsnacht so schwach

und einen Tag später plötzlich so stark?

20 Zwölf Jahre kommen und gehen, aber Brünhilds Herz

wird nicht leichter.

Im Gegenteil: Die Fragen werden immer lauter.

Sie muss endlich die Wahrheit wissen!

Und sie hat auch eine Idee:

25 Gunther soll seine Schwester und Siegfried nach Worms einladen.

Mal sehen, was dann passiert! 📄 ▶ 23

---

[21]nicht so schlimm
  hier: *besser*

[22]die Lüge,-n; lügen
  nicht die Wahrheit sagen

22

Brünhilds Frage

Was für ein Fest! Wie sich alle freuen!
Endlich ein Wiedersehen, nach so langer Zeit!
Zehn Tage lang feiert, tanzt, lacht, isst und trinkt man zusammen.
Am elften Tag kommt Brünhild dann aber zur Sache:
5 „Wie glücklich du aussiehst, liebe Kriemhild!
Wie schön deine Kleider sind!
Wie viel Schmuck[23] du hast!
Dein Mann muss ja wirklich sehr reich sein.
Na ja, er hat ja auch den Nibelungenschatz, nicht wahr?
10 Aber etwas kann ich nicht verstehen:
Dein Siegfried ist doch Gunthers Ritter. Das hat er selbst gesagt.
Nun, Ritter müssen ihrem König dienen[24].
Warum also dient Siegfried Gunther nicht? Kannst du mir
das sagen?“
15 Da wird es plötzlich sehr still.
Kriemhilds Gesicht ist rot vor Ärger.
„Du musst verrückt sein, Brünhild! Siegfried ist kein Ritter.
Warte nur! Später, wenn wir in die Kirche gehen, dann werde
▶ 24 ich dir und dem ganzen Volk zeigen, wer mein Mann wirklich ist.“

23

Kennst du diesen Gürtel?

Zehn Tage lang sind Brünhild und Kriemhild zusammen
zur Kirche gegangen. Heute geht jede allein mit ihren
Hofdamen. Viele Menschen warten auf dem Platz vor
dem Eingang des Wormser Doms. Sie wollen die
5 Königinnen sehen. Da kommen sie.
Von links kommt Brünhild, von rechts Kriemhild.

---

[23]der Schmuck (Sg.)   [24]dem König dienen =
für ihn arbeiten

Direkt vor der Kirchentür treffen sie sich.

Brünhild möchte an Kriemhild vorbei in den Dom gehen.

„Halt!", ruft Kriemhild. „Ich gehe zuerst, denn ich stehe über dir."

10 „Du? Über mir?", lacht Brünhild. „Du bist die Frau eines
Ritters. Ich bin eine Königin, ich bin Gunthers Frau."

Kriemhilds Gesicht wird wieder rot.

„Gunthers Frau willst du sein? Ha, wer hat denn eine Frau aus
dir gemacht? Gunther war es ganz sicher nicht."

15 Brünhilds Gesicht wird weiß.

„Was?!", sagt sie leise. „Was lügst du da?"

„Ich lüge nicht", ruft Kriemhild. „Sieh doch, was ich hier habe!
Kennst du diesen Gürtel? Kennst du diesen Ring?"

„Sie gehören mir", sagt Brünhild. „Ich habe sie verloren."

20 „Verloren? Siegfried hat sie mitgenommen, aus deinem Bett.
Und dann hat er sie mir geschenkt."

Jetzt weint Brünhild.

Und Kriemhild geht an ihr vorbei in den Wormser Dom. ▶ 25

24
Der Mann muss weg!

Vor der Königsburg stehen Gunther, Brünhild, die Ritter und
das Volk im Kreis. In ihrer Mitte steht Siegfried.
„Burgunden, bitte, hört mir zu!", sagt er laut. „Was Kriemhild
vor dem Dom gesagt hat, das war sehr dumm. Ich bitte euch alle
5 um Entschuldigung. Besonders dich, Brünhild."
Aber Brünhild sieht ihn nicht an. Ihre Augen sind voll Hass[25].
„Brünhild, du musst mir glauben!", sagt Siegfried. „Kriemhild
wird ihre Lüge nicht wiederholen. Das verspreche ich."
„Hör nur den ‚Helden'", sagt Hagen leise zu Gunther.
10 „Er ‚verspricht' es! Wer hat denn Brünhilds Gürtel und Ring
genommen? Er war es doch, nicht Kriemhild."
„Du hast recht", antwortet Gunther leise. „Aber was sollen
wir tun?"
„Er muss sterben. Ruhe hast du erst, wenn er tot ist."
15 „Tot?", fragt Gunther leise. „Du meinst, wir sollen …"
„Ja, mein König! Willst du denn dein Leben lang Angst haben?"
„Aber er hat uns alle um Entschuldigung gebeten."
„Ja, heute. Und morgen? Da redet er vielleicht schon wieder
ganz anders."
20 „Du hast recht, Hagen. Das ist gefährlich."
„Und denk auch an die Niederlande und den Nibelungenschatz.
Wem gehört das alles, wenn er stirbt?"
„Na, Kriemhild."
„Zuerst Kriemhild, richtig. Und dann nimmst du es dir."
25 „Eine schöne Idee, Hagen! Aber du hast etwas vergessen:
Siegfried hat im Drachenblut gebadet. Er ist unverwundbar."
„An einer Stelle auf Siegfrieds Rücken war kein Drachenblut.
Dort ist er so verwundbar wie jeder Mann."
„Ist das auch wirklich wahr, Hagen?"
„Ja, mein König! Kriemhild selbst hat es mir erzählt."

▶ 26

[25]der Hass (Sg.)
das Gegenteil von Liebe

25

Hagens ‚Nachricht‘

Am nächsten Tag unterhalten sich Siegfried und Gunther
in der Burg.
Da kommt plötzlich Hagen zu ihnen.
„Was ist denn los, Hagen?“, sagt Gunther. „Du siehst
5 unglücklich aus. Gibt es Probleme?“
„Ja, mein König“, sagt Hagen. „Meine Nachricht ist nicht gut:
Die Sachsen wollen Krieg.“
„Schon wieder?“
„Ja, leider. Und sie sind stärker als vor zwölf Jahren.“
10 „Oh weh!“, ruft Gunther. „Was sollen wir denn jetzt tun?“
„Ach, macht euch keine Sorgen!“, ruft Siegfried. „Wir werden
den Sachsen auch dieses Mal die Zähne zeigen.“
„Heißt das, du kommst wieder mit uns?“, fragt Gunther.
„Aber natürlich! Wir sind doch Verwandte und Freunde,
15 nicht wahr?“
„Ja, Siegfried. Das sind wir!“
„Hurra!“, ruft Hagen und lacht. „Jetzt weiß ich,
dass wir gewinnen!“ ▶ 27

26

Hagens ‚Sorgen‘

Eine Woche danach steht Kriemhild in ihrem Zimmer und holt
Kleidungsstücke aus dem Schrank. Es sind Siegfrieds Sachen.
Er braucht sie für den Krieg.
Da klopft es an der Tür. Es ist Hagen.
5 „Ich möchte nicht lange stören“, sagt er. „Ich habe nur
eine Frage.“
„Ich auch“, sagt Kriemhild. „Wollt ihr denn wirklich
morgen schon los?“

„Wir wollen nicht, Kriemhild, wir müssen. Die Sachsen
10 geben keine Ruhe."

„Ich möchte nicht, dass Siegfried mitgeht", sagt Kriemhild.

„Das kann ich verstehen", antwortet Hagen. „Aber Siegfried
denkt anders. Ich glaube, er freut sich auf den Kampf."

„Ich habe Angst um ihn."

15 „Da bist du nicht allein. Auch ich mache mir Sorgen", sagt
Hagen. „Er ist manchmal so unvorsichtig. Und du hast mir ja
mal von dieser Stelle an seinem Rücken erzählt."

„Wo er verwundbar ist?"

„Genau", sagt Hagen. Er zeigt auf ein Hemd. „Soll er das
20 anziehen? Ist das sein Kriegshemd?"

„Ja."

„Mach doch ein Zeichen auf das Hemd. Genau dort, wo
diese Stelle ist."

„Ein Zeichen? Warum denn, Hagen?"

25 „Dann kann ich im Kampf so stehen, dass die Sachsen
Siegfried nicht verletzen können."

▶ 28
Dankbar sieht Kriemhild Hagen an.

Kriemhild träumt wieder

Am Abend kommt wieder eine Nachricht.
Sie ist besser als die erste.
Die Sachsen, so heißt es, wollen nun doch nicht mit den
Burgunden kämpfen.
5 „Wahrscheinlich haben sie gehört, dass Siegfried mitkommt",
ruft Hagen. „Da haben sie sich wieder an den Krieg vor zwölf
Jahren erinnert und dann hatten sie plötzlich keine Lust mehr!"
Die Männer lachen.
Nur Siegfried lacht nicht.
10 Er wollte lieber kämpfen.
Er wollte dem ganzen Volk zeigen, dass er ein Freund
der Burgunden ist.
Gunther klopft ihm auf den Rücken.
„Sei nicht traurig, du Held!", lacht er. „Lass einfach dein
15 Kriegshemd an und komm morgen mit uns auf die Jagd!"

Kriemhild ist froh, dass Siegfried nicht in den Krieg
gehen muss.
In dieser Nacht schläft sie ruhig und glücklich ein.
20 Aber dann hat sie wieder einen Traum.
Dieses Mal träumt sie aber nicht von einem Falken
und zwei Adlern. Sie sieht einen Mann.
Wer ist es? Kennt sie ihn?
Der Mann läuft über eine Wiese.
25 Hinter ihm laufen zwei Wildschweine[26].
Sie sind groß und schwarz. Ihre Zähne sind lang
und schrecklich scharf.
Der Mann sieht nach hinten.
Jetzt sieht Kriemhild, dass es Siegfried ist.

[26]das Wildschwein, -e

30 Die Wildschweine sind schon fast bei ihm.

Kriemhild möchte rufen, aber ihr Mund bleibt zu.

Sie möchte zu Siegfried laufen, aber sie kann nicht gehen.

Dann sind die Schweine weg und Siegfried ist weg.

📄▶ 29 Das Gras und die Blumen sind voll Blut.

28

Wer kann am besten jagen?

Am Morgen erzählt Kriemhild ihrem Mann von dem Traum.
„Bitte, bleib hier", sagt sie zu Siegfried. „Geh nicht auf die Jagd!"
„Aber das war nur ein Traum", sagt er. „Mir passiert schon
nichts."

5 „Ich habe Angst!"

„Angst müssen nur die Wildschweine haben", lacht Siegfried.
Eine Stunde später ist er mit Gunther, Hagen und ein paar
Rittern auf dem Weg in den Wald.

„Na, was glaubt ihr", fragt Siegfried. „Wer kann

10 am besten jagen?"

„Ich, ich", rufen alle.

„Nun, wir werden es ja sehen", meint König Gunther.

„Ich schlage vor, wir treffen uns heute Abend wieder hier,
an dieser Stelle. Wer das meiste Wild[27] bringt, hat gewonnen

15 und bekommt das größte Glas Wein."

„Na, dann macht das Glas schon mal voll für mich",
lacht Siegfried.

📄▶ 30 Er nimmt seinen Speer und reitet in den Wald hinein.

[27]das Wild (Sg.)
Tiere aus dem Wald, z.B. Wildschweine

Der Wettlauf

Am Abend treffen sich die Männer wieder.
Siegfried hat nicht zu viel versprochen.
Er bringt mehr Wild mit als alle anderen.
Nun sitzen sie zusammen am Feuer.
5 Sie essen Brot und Fleisch und unterhalten sich.
„Na, wo ist er denn nun, mein Wein?", fragt Siegfried.
„Ach ja, der Wein", sagt Hagen. „Du, da ist was Dummes
passiert: Meine Leute haben ihn leider in der Burg vergessen."
„Und was machen wir nun?", fragt Siegfried. „Ich habe Durst."
10 „Kein Problem", meint Hagen. „Ich weiß eine Quelle. Sie ist
ganz in der Nähe, dort, in dieser Richtung. Ihr Wasser ist kühl
und frisch."
„Na schön", sagt Gunther. „Und wer holt das Wasser?"
„Ich schlage vor, wir drei machen einen Wettlauf", sagt Hagen.
15 „Nur Siegfried, du und ich. Los, Gunther! Jetzt zeigen wir ihm
mal, dass wir schneller sind."
„Schneller? Ihr?", lacht Siegfried.
Er springt auf und nimmt seinen Speer und seinen Schild.
Die Waffen sind sehr schwer.
20 „Ich bin mit meinen Waffen schneller als ihr ohne!", sagt er
und läuft los. ▶ 31

Siegfried hat Durst

Siegfried ist als erster an der Quelle.
Vom Laufen hat er noch mehr Durst bekommen.
Und das Wasser sieht so frisch und sauber aus!
Er stellt den Speer und den Schild an einen Baum.
5 Er legt sich auf den Bauch und holt mit den Händen
Wasser aus der Quelle.

Er trinkt. Aahh! Schmeckt das gut!

Jetzt kommen auch Gunther und Hagen.

Aber Siegfried sieht und hört sie nicht.

10 Er interessiert sich nur für das Wasser.

Er trinkt noch einmal und noch einmal.

Hagen nimmt den Speer.

Er sieht Siegfrieds Rücken.

Er sieht das Kreuz auf dem Hemd.

▶ 32   Er wirft den Speer.

Siegfrieds Tod

Noch nie in seinem Leben hat Siegfried einen
solchen Schmerz gefühlt.
Was ist passiert?
Er weiß es nicht.
5 Er weiß nur: Jetzt muss ich sterben!
Aber noch hat er Kraft.
Noch kann er aufstehen.
Der Speer fällt ab.
Blut läuft warm über Siegfrieds Rücken.
10 Unter dem Baum, neben Siegfrieds Schild, stehen
Gunther und Hagen.
Sie sehen ihn an.
Ihre Augen sind vor Angst weit offen.
„Er ist also doch unverwundbar", denkt Gunther.
15 „Ich habe nicht richtig getroffen", denkt Hagen.
Langsam, Meter für Meter gehen die beiden zurück.
„Eure Tat", sagt Siegfried, „ist ohne Beispiel. Sie ist so
schlimm, dass die Welt sie in tausend Jahren nicht vergessen
kann. Aber ihr habt nicht gewonnen. Im Gegenteil: Ihr habt
20 euch selbst und euren Familien den Tod gebracht."
Jetzt kann Siegfried nicht mehr stehen.
Er fällt in die Wiese.
Das Gras und die Blumen sind voll Blut.
Siegfried ist tot. ▶ 33

So, für heute ist's genug!

So sind Kriemhilds Träume also beide wahr geworden:
Ihr Falke ist tot und das Gras und die Blumen sind rot.
Tja, Leute, sagt selbst: Habe ich zu viel versprochen?
War diese Geschichte nicht schön und schrecklich
5 und traurig? Wie?
Was ist mit Gunther und Hagen, wollt ihr wissen?
Was ist mit Kriemhild und Brünhild?
Was ist mit den Burgunden und den Niederländern?
Das kann nicht das Ende sein, meint ihr?
10 Es muss doch weitergehen, sagt ihr?
Ihr habt recht.
Aber das ist dann die Geschichte von Kriemhilds Rache[28]
und vom Ende der Burgunden. Was?
Die wollt ihr auch noch hören?!
15 Nein, für heute habe ich genug erzählt.
Los jetzt, gebt mir Wein!
Mein Mund ist ja ganz trocken.

[28]Kriemhilds Rache =
Kriemhilds Strafe für Gunther und Hagen

Die Nibelungensage und das Nibelungenlied

Siegfried, Kriemhild und die anderen Personen unserer Geschichte haben nicht wirklich gelebt. Aber schon seit dem frühen Mittelalter erzählt man sich viele Geschichten über sie. Besonders in Deutschland und in den skandinavischen Ländern interessieren sich die Leute für diese ‚Heldensagen‘. Sie hören sie und erzählen sie weiter. Dabei wird Siegfried immer stärker und toller, Kriemhild immer schöner und die Geschichten werden immer genauer und besser. Um das Jahr 1200 hat dann jemand eine prima Idee: Er schreibt die Sage als Lied auf. 10.000 Zeilen lang! Dies ist die Geburtsstunde des ‚Nibelungenliedes‘. Es hat zwei Teile: Im ersten Teil erfahren wir von Siegfrieds Liebe, Hochzeit und Tod und im zweiten von Kriemhilds Rache, dem blutigen Ende der Burgunden.

Erste Seite des Nibelungenliedes
(Handschrift C; erste Hälfte des 13. Jahrhunderts)

1   Welche Begriffe passen zu Siegfried? Markieren Sie. ◀ 🗎

klein   hässlich

stark   dünn

mutig   langweilig

ängstlich   interessant

schön   gut

groß   böse

blond

2   Welche Antworten sind richtig? Kreuzen Sie an. 🗎▶

1) Siegfried ist ein Königssohn. Was bedeutet das?

   a) ◯ Er ist ein König und er hat einen Sohn.

   b) ◯ Sein Vater ist ein König.

   c) ◯ Er ist König und sein Vater ist König.

2) Warum ist Siegfried stark und warum hat er keine Angst?

   a) ◯ Weil er ein Held ist.

   b) ◯ Weil er ein Königssohn ist.

   c) ◯ Weil er aus den Niederlanden kommt.

3) Was kann Siegfrieds Tarnkappe?

   a) ◯ Sie macht Siegfried unsichtbar.

   b) ◯ Sie ist warm.

   c) ◯ Sie macht Siegfried schön.

4) Siegfried ist unverwundbar. Was bedeutet das?

   a) ◯ Er kann niemand verletzen.

   b) ◯ Er kann niemand lieben.

   c) ◯ Niemand kann ihn verletzen.

3 Richtig (r) oder falsch (f)? Kreuzen Sie an. 📄▶

	r	f
1) Kriemhild ist eine Königstochter.	○	○
2) Kriemhild kommt aus dem Land der Burgunden.	○	○
3) Sie hat eine Schwester.	○	○
4) Sie hat drei Brüder.	○	○
5) In einem Traum liebt sie einen schönen, starken Falken.	○	○
6) Der Traum hat ein gutes Ende.	○	○
7) Kriemhild denkt an den Falken und möchte schnell heiraten.	○	○

4 Verbinden Sie die Sätze. 📄▶

1) Normalerweise sprechen die Könige,
   Bei den Burgunden ist das anders.

2) Einer von Gunthers Rittern

3) Hagen weiß sehr viel,

4) Wenn Gunther einen Rat braucht,

5) Dann spricht Ritter Hagen

a) und König Gunther hört zu.

b) weil er viele Länder
   gesehen hat.

c) und die Ritter hören zu.

d) heißt Hagen.

e) fragt er Hagen.

5 Ordnen Sie zu. 📄▶

die Burg • Brünhild • der Schild • der Speer • der Stein
das Speerwerfen • das Weitspringen

b) _____

c) _____

d) _____

e) _____

f) _____

g) _____

a) _____

6 Welche Aussage passt zu welcher Person? Kreuzen Sie an. 📄▶

	Siegfried	Gunther	Kriemhild	Brünhild
1) „Ich bin die stärkste Frau auf der Welt.“	○	○	○	○
2) „Meine Schwester ist wunderschön.“	○	○	○	○
3) „Ich bin der König der Burgunden.“	○	○	○	○
4) „Mein Land ist eine Insel.“	○	○	○	○
5) „Ich komme aus Xanten.“	○	○	○	○
6) „Oh Gott, mein armer Falke!“	○	○	○	○
7) „Mich finden alle Frauen toll.“	○	○	○	○
8) „Heiraten? Gern, aber mein Mann muss richtig stark sein.“	○	○	○	○
9) „Ich habe drei Brüder, einer heißt Gunther.“	○	○	○	○
10) „Kriemhild, meine Liebe, nur dich will ich heiraten.“	○	○	○	○

7 Heiraten Siegfried und Kriemhild? Unterstreichen Sie alle Argumente dafür (pro) blau und alle Argumente dagegen (kontra) rot. 📄▶

Siegfried ist ein Held.   Kriemhilds Brüder mögen Siegfried nicht.

  Alle Frauen lieben Siegfried, Kriemhild sicher auch.

Hagen ist auch in Kriemhild verliebt.   Siegfried hat einen Schatz, er ist reich.

  Kriemhild denkt an den Traum und will nicht heiraten.

Kriemhild will ihre Mutter nicht allein lassen.   Beide sind Königskinder.

  Vielleicht gibt es Krieg zwischen den Niederlanden und den Burgunden.

Sammeln Sie weitere Ideen für oder gegen eine Hochzeit.

_____

8 Richtig (r) oder falsch (f)? Kreuzen Sie an. 📄▶

                                                        r f

1) Siegfried und seine Ritter gefallen den Menschen im Burgundenland. ○ ○
2) Gunther weiß sofort, wer Siegfried ist. ○ ○
3) Hagen sagt zu Gunther: Siegfried ist gefährlich. ○ ○
4) Hagen weiß nicht, dass Siegfried unverwundbar ist. ○ ○
5) Gunther muss mit Siegfried sprechen. ○ ○

9 Beantworten Sie die Fragen. 📄▶

1) Was denken Gunther, seine Brüder und Hagen?

    Sie denken, Siegfried möchte _____

2) Was möchte Siegfried eigentlich?

_____

10 Richtig (r) oder falsch (f)? Kreuzen Sie an. 📄▶

                                                        r f

1) Siegfried und seine Ritter sind bei den Burgunden. ○ ○
2) Dort machen sie Spiele und Wettkämpfe mit Gunthers Rittern. ○ ○
3) Und Siegfried ist immer der beste Kämpfer. ○ ○
4) Er hat Kriemhild schnell kennengelernt und kann sie oft sehen. ○ ○
5) Aber Kriemhild liebt ihn nicht. ○ ○
6) Sie träumt lieber von ihrem Falken. ○ ○

11 Ordnen Sie zu und finden Sie das Lösungswort. 📄▶

1) Die Burgunden kämpfen
2) Siegfried ist aus den Niederlanden,
3) Er will seine Freunde
4) Kriemhild hat Angst,
5) Endlich ist der Krieg beendet,
6) Kriemhild hofft,
7) Alle Burgunden lieben Siegfried,
8) Kriemhild ist sehr glücklich und stolz,

U dass Siegfried lebt.
F dass Siegfried im Krieg stirbt.

G denn Siegfried lebt und er ist ein Held.
O trotzdem kämpft er für die Burgunden.
N weil er ihnen im Krieg geholfen hat.
F nicht allein lassen.
H gegen die Sachsen.
N aber einige Burgunden sind tot.

H							
1	2	3	4	5	6	7	8

12 Endlich sieht Siegfried die schöne Kriemhild. Er will sie schnell heiraten. Aber er muss erst Gunther, Kriemhilds Bruder um Erlaubnis bitten. Was sagt er Gunther? Hier sind einige Informationen. 📄▶

Held • schön • unverwundbar • reich • Königssohn •
Nibelungenschatz • Drachen • Xanten • Schwester

Gunther, König der Burgunden!
Ich bin Held Siegfried, ein Königssohn _____

_____

_____

_____

13 Wer sagt was zu wem? Kreuzen Sie an und zeichnen Sie Pfeile. 📄▶

	Siegfried	Gunther	Hagen
1) „Ich will Brünhild heiraten!"	○ ◄—— ○		○
2) „Das ist unmöglich, sie ist zu stark für dich."	○	○	○
3) „Eine Frau stärker als ich? Nein, das gibt es nicht."	○	○	○
4) „Lass dir doch von Siegfried helfen."	○	○	○
5) „Nur wenn Brünhild meine Frau wird, darfst du meine Schwester heiraten."	○	○	○

14 Wie heißen die Dinge? Gleiche Zahl = Gleicher Buchstabe! ◄📄

Ö						
8	11	10	7	5	7	10

7	10	14	3	9

13	7	15	15	3	13

14	12	3	3	13

14	1	6	7	9	2

17	16	13	5

14	15	3	7	10

14	1	6	7	4	4

15 Welche Antwort ist richtig? Kreuzen Sie an. 📄▶

1) Warum fahren Gunther, Hagen, Siegfried und Dankwart zu Brünhild?

   a) ○ Gunther möchte Brünhild heiraten.

   b) ○ Sie wollen Brünhild kennenlernen.

   c) ○ Sie führen einen Krieg gegen Brünhilds Land.

2) Wen sieht Brünhild zuerst an und warum?

   a) ○ Gunther, weil er der König der Burgunden ist.

   b) ○ Hagen, weil er ein Ritter ist.

   c) ○ Siegfried, weil er ihr gefällt.

3) Wie verhält sich Brünhild?

   a) ○ Sie hat keine Angst vor Gunther und lacht ihn aus.

   b) ○ Sie hat Angst vor Gunther.

   c) ○ Sie ist freundlich und nett zu Gunther.

4) Welche Dinge bringen Brünhilds Ritter?

   a) ○ Stein, Tarnkappe und Schild

   b) ○ Stein, Schild und Speer

   c) ○ Tarnkappe, Speer und Schild

5) Brünhild nimmt den großen Speer mit nur einer Hand.
Wie reagiert Gunther?

   a) ○ Er freut sich auf den Kampf.

   b) ○ Er glaubt, dass Brünhild den Kampf verliert.

   c) ○ Er bekommt Angst und möchte sofort wieder wegfahren.

6) Was macht Siegfried?

   a) ○ Er beruhigt Gunther.

   b) ○ Er will sofort mit Gunther nach Hause fahren.

   c) ○ Er möchte Brünhild helfen.

16 Was ist richtig? Kreuzen Sie an. 📄▶

1) Brünhild
   a) ○ wirft den Speer mit viel Kraft.
   b) ○ wirft den Speer nicht sehr weit.
   c) ○ hält den Schild.

2) Gunther
   a) ○ findet den Schild leicht.
   b) ○ wirft den Speer sehr weit.
   c) ○ kann den Schild nicht halten, weil er zu schwer ist.

3) Siegfried
   a) ○ hilft Gunther.
   b) ○ sieht zu und macht nichts.
   c) ○ tötet Brünhild.

4) Gunther siegt, weil
   a) ○ er stärker ist als Brünhild.
   b) ○ Siegfried ihm hilft und niemand Siegfried sieht.
   c) ○ Siegfried ihm helfen darf.

17 Was heißt das wohl? Kreuzen Sie an. ◀📄

1) Anfängerglück
   a) ○ Am Anfang hat man immer Glück.
   b) ○ Auch Anfänger haben manchmal Glück.
   c) ○ Das Leben fängt immer glücklich an.

2) Rot vor Ärger werden
   a) ○ Das Gesicht wird rot, weil man sich sehr ärgert.
   b) ○ Die Farbe Rot passt gut zu Ärger.
   c) ○ Wenn man sich ärgert, bekommt man rote Haare.

3) Steinwerfen ist eine Sportart. Man muss
   a) ○ sehr schnell zu einem Stein laufen.
   b) ○ mit einem Speer einen Stein treffen.
   c) ○ einen Stein möglichst weit werfen.

18 Ordnen Sie die Reihenfolge. Welches Wort entsteht aus den Buchstaben? 📄▶

☐ **B** Gunther sagt zu Brünhild: „Siegfried ist kein Ritter, er ist ein Königssohn!"

☐ **E** Brünhild denkt: „Aber Siegfried ist doch nur ein Ritter. Er kann Kriemhild nicht heiraten!"

5⃞ **E** Brünhild ist traurig und weint.

☐ **L** Brünhild geht mit Gunther nach Worms.

☐ **I** Siegfried und Kriemhild dürfen heiraten und sind sehr glücklich.

1	2	3	4	5
			E	

19 Welche Wörter passen noch zum Thema „Hochzeit"? 📄▶

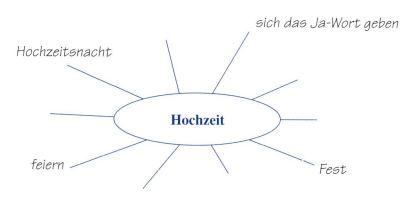

sich das Ja-Wort geben

Hochzeitsnacht

Hochzeit

feiern

Fest

20 Wie ist die Hochzeitsnacht von Gunther und Brünhild? Kreuzen Sie an. 📄▶

	Brünhild	**Gunther**	
1)	○	○	will nicht, dass sie zusammen in einem Bett liegen.
2)	○	○	will eine „normale" Hochzeitsnacht verbringen.
3)	○	○	will die Wahrheit über die Wettkämpfe wissen.
4)	○	○	hat ihn/sie gefesselt.
5)	○	○	bittet Siegfried um Hilfe.

21 Siegfried schreibt auf, was er erlebt hat. Ergänzen Sie die Wörter. 📄▶

Gestern bin ich mit meiner T __ __ __ __ __ __ __ e in das Schlafzimmer von Gunther und B __ __ __ __ __ __ d gegangen. Es war
sehr d __ __ __ __ l. Ich habe mit Brünhild g __ __ __ __ __ __ t.
Sie hat gedacht, ich bin Gunther. Brünhild ist sehr s __ __ __ k,
aber ich habe natürlich g __ w o __ __ __ n. Danach hat sich auch
Gunther zu ihr ins B __ __ t gelegt. Jetzt sind sie M __ __ n und Frau …

22 Beantworten Sie die Fragen. 📄▶

1) Was machen Siegfried und Kriemhild in Xanten? _____

2) Welche beiden Dinge fehlen Brünhild? _____

3) Was macht Siegfried mit diesen Dingen? _____

4) Kriemhild ist sehr neugierig. Was möchte sie wissen? _____

5) Welche Antwort bekommt sie von Siegfried? _____

23 Brünhild hat viele Fragen. Ordnen Sie die Antworten zu. 📄▶

1) Warum nur muss ich so oft an Siegfried denken?

2) Warum hat Siegfried gesagt, dass er ein Ritter von Gunther ist?

3) Warum ist mein Herz traurig? Gunther ist doch recht sympathisch.

4) Wo war Siegfried beim Wettkampf? Ich habe ihn nicht gesehen.

5) Warum ist Gunther manchmal stark und dann wieder so schwach?

a) Sicher hat Gunther das so gewollt.

b) Weil er stark und schön ist. Er ist viel interessanter als Gunther.

c) Er ist aber nicht der richtige Mann für mich.

d) Er ist nur dann stark, wenn ihm jemand hilft.

e) Er war dabei! Nur er ist stärker als ich.

24 Beantworten Sie die Fragen. 📄▶

1) Was sagt Brünhild über Siegfried?

_____

2) Was kann Brünhild nicht verstehen?

_____

3) Wie reagiert Kriemhild auf Brünhilds Fragen? Und was möchte sie tun?

_____

_____

25 Kriemhild und Brünhild streiten. Ordnen Sie den Dialog. 📄▶

Brünhild   *Kriemhild*

a) ☐1☐ *Halt! Ich gehe zuerst in den Dom.*

b) ☐ *Mein Mann ist ein Königssohn, kein Ritter. Außerdem hat er dich in der Nacht erst richtig zur Frau gemacht.*

c) ☐ Wie schrecklich. Gunther hat mich belogen.

d) ☐ *Sieh, hier sind dein Ring und dein Gürtel. Siegfried hat mir die Sachen aus deinem Bett mitgebracht.*

e) ☐ Du bist ja verrückt! Gunther war in der Nacht bei mir.

f) ☐ Was für Dinge? Zeig sie mir!

g) ☐ *Ich kann beweisen, dass Siegfried bei dir war, denn ich habe zwei Dinge aus deinem Zimmer.*

h) ☐ Was sagt du? Ich darf zuerst in den Dom gehen. Mein Mann ist König. Dein Mann ist nur Ritter.

26 Was ist richtig? Kreuzen Sie an. 📄▶

1) Das ganze Volk hat gehört, woher Kriemhild den Gürtel und den
   Ring hat. Was passiert dann?

   a) ○ Siegfried bittet um Entschuldigung. Er möchte, dass niemand
      Kriemhilds Worten glaubt.

   b) ○ Siegfried und Kriemhild gehen zurück nach Xanten.

2) Was sagt Hagen zu Gunther?

   a) ○ „Siegfried und Kriemhild müssen sterben."

   b) ○ „Töte Siegfried."

3) Warum gibt Hagen diesen Rat?

   a) ○ Er will den Nibelungenschatz für die Burgunden.

   b) ○ Er liebt Kriemhild.

4) Welches Problem sieht Gunther?

   a) ○ Kriemhild hat dann keinen Mann mehr.

   b) ○ Siegfried ist unverwundbar.

5) Welches Geheimnis kennt Hagen?

   a) ○ Er weiß, dass Siegfried weglaufen will.

   b) ○ Er weiß, dass Siegfried an einer Stelle verwundbar ist.

27 Wie geht es wohl weiter? Was glauben Sie? Machen Sie Notizen. 📄▶

1) Töten Gunther und Hagen Siegfried?

   _____

2) Wie und wo können sie das tun?

   _____

28 Nach dem Gespräch mit Kriemhild schreibt Hagen diesen Text.
Leider kann man einige Wörter nicht mehr lesen. Ergänzen Sie. 📄▶

beschütze • verwundbar • Kriemhild • ~~Krieg~~ • Zeichen • kämpfen

1) Heute habe ich Siegfried gesagt, dass die Sachsen <u>Krieg</u> wollen.
2) Er wird mit uns _____. Er hat die Geschichte also geglaubt.
3) Auch _____ hat genau das getan, was ich wollte.
4) Sie hat mir gesagt, an welcher Stelle Siegfried _____ ist.
5) Und sie war sogar so dumm und hat ein _____ auf sein
  Hemd gemacht, damit ich besser auf Siegfried aufpassen kann.
6) Sie hat mir dafür gedankt, dass ich Siegfried _____.

29 Was ist richtig? Kreuzen Sie an. 📄▶

1) Kriemhilds Traum ist
  a) ○ gut.
  b) ○ schlecht.
  c) ○ schön.

2) Wer sind wohl die beiden Wildschweine?
  a) ○ Gunther und Hagen
  b) ○ die Sachsen
  c) ○ Brünhild und Gunther

3) Wer ist der Mann in ihrem Traum?
  a) ○ Kriemhild weiß es nicht.
  b) ○ Es ist Gunther.
  c) ○ Es ist Siegfried.

4) Was passiert am Ende?
  a) ○ Die Wildschweine töten Siegfried.
  b) ○ Siegfried tötet die Wildschweine.
  c) ○ Die Sachsen töten Siegfried.

30 Kriemhild möchte nicht, dass Siegfried auf die Jagd geht, weil sie einen bösen Traum hatte. Was sagt sie zu ihm? Ordnen Sie zu. 📄▶

1) Ich habe   Ä   dass du gehst.
2) Bleib bitte   E   sind sehr gefährlich.
3) Ich möchte nicht,   M   dir im Wald helfen.
4) Ich glaube,   N   nicht gehen.
5) Niemand kann   U   dass du in Gefahr bist.
6) Die Wildschweine   T   Angst.
7) Du darfst   R   hier.

T						
1	2	3	4	5	6	7

31 Welche Aussage passt zu wem? Kreuzen Sie an. 📄▶

	Hagen	Siegfried
1) „Ich habe das meiste Wild."	○	○
2) „Ich bin durstig. Ich möchte Wein trinken."	○	○
3) „Es tut mir leid, den Wein haben wir nicht hier."	○	○
4) „Nicht weit von hier ist eine Wasserquelle."	○	○
5) „Lasst uns alle drei zur Quelle laufen."	○	○
6) „Ihr seid langsamer als ich."	○	○

32 Beantworten Sie die Fragen. 📄▶

1) Was macht Siegfried an der Quelle?

_____

2) Wer tötet Siegfried?

_____

3) Warum wehrt sich Siegfried nicht?

_____

33 Was ist richtig? Kreuzen Sie an. 📄▶

1) Siegfried
   a) ○ stirbt sofort.
   b) ○ ist unverwundbar und stirbt nicht.
   c) ○ ist nicht gleich tot.

2) Hagen und Gunther
   a) ○ freuen sich.
   b) ○ haben Angst.
   c) ○ sterben.

3) Siegfried sagt, dass
   a) ○ Hagen, Gunther und ihre Familien sterben.
   b) ○ er gegen Hagen und Gunther verloren hat.
   c) ○ er noch tausend Jahre lebt.

1

z.B. groß, blond, stark, mutig, schön, dünn, interessant etc.

2

1b, 2a, 3a, 4c

3

richtig: 1, 2, 4, 5
falsch: 3, 6, 7

4

2d, 3b, 4e, 5a

5

a das Weitspringen, b das Speerwerfen, c die Burg, d der Speer, e Brünhild, f der Schild, g der Stein

6

Siegfried: 5, 7, 10
Gunther: 2, 3
Kriemhild: 6, 9
Brünhild: 1, 4, 8

7

pro: Alle Frauen lieben Siegfried, Kriemhild sicher auch. / Beide sind Königskinder. /Siegfried hat einen Schatz, er ist reich.
kontra: Kriemhild denkt an den Traum und will nicht heiraten. / Kriemhilds Brüder mögen Siegfried nicht. / Vielleicht gibt es Krieg zwischen den Niederlanden und den Burgunden. / Hagen ist auch in Kriemhild verliebt.

8

richtig: 1, 3, 5
falsch: 2, 4

9

Beispiele:
a Sie denken, Siegfried möchte das Burgundenland. / gegen Gunther kämpfen. / Krieg.
b Siegfried möchte bei den Burgunden wohnen. / Kriemhild heiraten.

10

richtig: 1, 2, 3
falsch: 4, 5, 6

11

Lösungswort: HOFFNUNG

12

Beispiel:
Ich bin Held Siegfried, ein Königssohn aus Xanten. Ich habe einen Drachen getötet und bin jetzt stark und unverwundbar. Ich bin reich, denn der Nibelungenschatz gehört mir. Alle Frauen finden mich schön. Ich möchte Deine Schwester Kriemhild heiraten ...

13

Siegfried: 2 (Pfeil zu Gunther)
Gunther: 3, 5 (Pfeile zu Siegfried)
Hagen: 4 (Pfeil zu Gunther)

14

a Königin, b Insel, c Ritter, d Speer, e Schild, f Burg, g Stein, h Schiff

15

1a, 2c, 3a, 4b, 5c, 6a

16

1a, 2c, 3a, 4b

17
1b, 2a, 3c

18
Lösungswort: LIEBE

19
z. B. sich freuen, Musik, tanzen, lachen, Hochzeitstag, Mann und Frau sein

20
Brünhild: 1, 3, 4
Gunther: 2, 5

21
Tarnkappe, Brünhild, dunkel, gekämpft, stark, gewonnen, Bett, Mann

22
Beispiele:
1 Sie heiraten.
2 Ein Gürtel und ein Ring.
3 Er schenkt sie Kriemhild / seiner Frau.
4 Sie will wissen, woher Siegfried die Sachen hat.
5 Siegfried hat die Sachen von Brünhild.

23
2a, 3c, 4e, 5d

24
Beispiele:
1 Siegfried ist reich, er ist Gunthers Ritter.
2 Warum dient Siegfried Gunther nicht?
3 Sie ist böse. Sie will zeigen, dass Siegfried ein Königssohn und kein Ritter ist.

25
b3, c8, d7, e4, f6, g5, h2

26
1a, 2b, 3a, 4b, 5b

27
Beispiele:
1 Ja, sie töten ihn.
2 Bei einem Wettkampf. / Im Krieg.

28
2 kämpfen, 3 Kriemhild, 4 verwundbar, 5 Zeichen, 6 beschütze

29
1b, 2a, 3c, 4a

30
Lösungswort: TRÄUMEN

31
Hagen: 3, 4, 5
Siegfried: 1, 2, 6

32
Beispiele:
1 Er trinkt Wasser.
2 Hagen tötet ihn.
3 Er konnte Hagen und Gunther nicht sehen und nicht hören.

33
1c, 2b, 3a